Parole per quando sei senza parole

Franz Pagot

Titolo originale:
Ermm...
(words for when
you are lost for words)

THE PERFECT
Pe
EDITION

Illustrazioni e copertina di Franz Pagot

A Enrico ed Elena,
non più consigli a parole,
ma parole che consigliano.

SOMMARIO

RINGRAZIAMENTI

Le *collezioni di parole* nelle pagine seguenti hanno preso forma mentre ero in compagnia di persone straordinarie, osservando ciò che facevano o dicevano, mettendo su pagina momenti di saggezza per immortalare la loro involontaria magnanimità.

Innanzitutto un profondo ringraziamento al mio carissimo amico Dave Judge, che sfoggia sempre onestà e generosità insieme ad un umorismo disinvolto: una grande quantità di pensieri positivi in questo piccolo tomo, provengono dal lavorare o semplicemente passare del tempo assieme a lui ed è una tale ispirazione che Enrico, mio figlio, ha sempre detto che da grande voleva diventare un "davejudge".

Vorrei diventarlo anch'io.

1

Un grande ringraziamento va a Richard Bedser, non solo un caro amico, ma anche persona ricca di saggezza: ho rubato alcune cose che mi ha detto e le ho fatte mie. Scusa Richard, ricambia pure.

Grazie anche a Meg Rosoff, scrittrice di successo e meritata fama; vorrei poterti offrire delle risposte cara Meg, ma ho finito le parole che desideri.

Ringrazio tutti i cattivi insegnanti che mi hanno dato le lezioni migliori, non ho rubato a loro nulla, ma ho sicuramente imparato cosa non prendere.

Un sentito ringraziamento va al mio *editor* della versione inglese, Jo Asker, che ha risuscitato molte frasi e ha dato ad altre vita nuova e un *big thank you* a Cinzia De Martin che, a dir suo, si è "...sbizzarrita senza vergogna" nel curare l'edizione italiana e mi ha donato "ciò che può sembrare inutile per l'intelletto, non lo è per la coscienza".

Grazie a mio nipote Luca "La politica è l'opinione delle idee" è geniale, la prendo in prestito senza restituirla, se vuoi rincorrimi.

Grazie soprattutto a te Cristina, sono solo parole quelle che scrivo, ma sei tu che dai loro significato.

E grazie a voi cari lettori, assicuratevi però di non fare commenti mentre leggete, potrebbero essere usati nel mio prossimo libro!

"Sono solo parole
a meno che non siano vere."
— *David Mamet*

INTRODUZIONE

Resterai deluso, caro lettore?

Il solo pensiero mi tormenta...

E chi è poi quel pazzo che oserebbe pubblicare un libro dei suoi stessi aforismi? Cosa (o chi) mi ha fatto compiere questo atto di arroganza da fantascienza?

Sono stati gli X-Files.

Sì, proprio quella meravigliosa serie TV avvolta dal mistero, che ci ha fatto tutti perdutamente innamorare dell'agente Scully e patire per l'agente Mulder, il più delle volte.

Accadde una sera mentre stavo guardando una puntata intitolata "Grotesque" (episodio 14, serie III, 1996) e improvvisamente l'agente Mulder ha pronunciato parole mie, le stesse parole che avevo scritto anni prima, di cui pochissime persone erano a conoscenza.

L'agente speciale Patterson disse: «Devo dirtelo, mi deludi davvero.» a cui Mulder rispose: «Beh, non vorrei deluderti non deludendoti.»

Le ho scritte proprio io quelle parole, anche se lo scrittore di quell'episodio, Howard Gordon, non poteva saperlo, poverino.

Era una frase che usavo spesso all'inizio della mia carriera, negli anni '80, quando la maggior parte delle persone per cui lavoravo non erano mai contente, mai soddisfatte anzi costantemente deluse.

In realtà, tutto è iniziato ancor prima, quando ero solo un bambino: «Mi deludi...» tuonò il mio maestro di Judo quando avevo solo 10 anni; ero stato coinvolto in una rissa negli spogliatoi e mi ero rifiutato di dare il nome di chi l'aveva iniziata.

Non dimenticherò mai gli occhi ardenti del mio Sensei quando mi ha schiaffeggiato con quelle parole. Poi è stato il turno del mio professore di Ginnasio al liceo Classico: «mi deludi Pagot!», diceva con la sua voce cavernosa, mentre mi dava un brutto voto per la mia disastrosa traduzione dal greco al latino.

L'espressione delusa sembrava uno sguardo costante mentre crescevo, e i miei genitori non facevano eccezione.

Per questo motivo, decisi di offrire la mia risposta speciale, in modo da far sorridere quei volti tesi: «Mi dispiacerebbe deluderti non deludendoti.»

Ascoltare quelle stesse parole uscire dalle labbra dell'agente Mulder mi ha fatto pensare fosse ora di uscire in pubblico, condividere apertamente altre parole, prima che finissero nuovamente sullo schermo, echeggiando il mio pensiero precedente.

Ho fatto infinite annotazioni nel corso degli anni, specialmente sui molti set cinematografici su cui ho lavorato, ma anche mentre ero seduto al bar, in treno e persino dal dentista - commenti assaggiati mentre bevevo un macchiato, rinfacci carpiti durante diverbi di amanti, commenti divertenti, ma ugualmente amari, spesso gemme di saggezza da geni inconsapevoli.

Ho raccolto parole buttate via dagli altri, per dire quello che si tenevano per sé.

Ero convinto che questo materiale, alla fine, sarebbe finito nella mia prossima sceneggiatura, trovando nuova vita, come parole pronunciate da un personaggio da me creato o da un *cattivo* cresciuto in mondi che immaginavo.

Essere picchiettati sulla spalla mentre litigate ferocemente con il vostro alter ego può essere imbarazzante e spesso sono stato riportato alla realtà da persone con lo sguardo di solito riservato ai matti.

Ditemi che succede anche voi, a volte.

Le pagine seguenti contengono frammenti di quei dialoghi, alcuni dei quali mi sono stati detti direttamente. «Sei un uomo stropicciato» è il modo in cui mia figlia descrive il risultato del mio totale disinteresse per i vestiti perfettamente stirati.

Ammetto che spesso la mia camicia assomiglia a un origami aperto piuttosto che alla piega curata disegnata da Armani. Ma lei, almeno finora, non ha mai detto che la deluderò.

Vi deluderò allora cari lettori?

La mia speranza è che troviate qui parole che vi aiuteranno a riempire silenzi vuoti improvvisi, sostituendo quei tre punti sospesi che affliggono così tanto le conversazioni.

Spero anche di farvi sorridere e magari strapparvi una sana risata, ogni tanto.

Se trovate alcuni di questi aforismi altrove, fatemelo sapere, soprattutto se alcuni sono identici ai vostri. Prometto che non ve li ho rubati, ma consolatevi che le grandi menti pensano allo stesso modo (qualcuno famoso e intelligente lo disse!).

Infine, non troverete le seguenti frasi ordinate in categorie, anche se molti mi hanno chiesto di farlo; ordinare le frasi per tema deruba il lettore di un elemento di sorpresa, è meglio leggerle casualmente, selvaggiamente, partendo sfacciatamente anche dall'ultima pagina (so che lo farete).

Spero non rimarrete delusi, perché questa volta mi dispiacerebbe davvero deludervi deludendovi.

Ascolto sempre attentamente ciò che non viene detto.

10

CAPITOLO PRIMO
(e unico)

1 Mi deludi, disse lei. Mi dispiacerebbe deluderti non deludendoti, fu la risposta.

2 Mento, così mi sento responsabile.

3 Se scelgo di non scegliere, non è una scelta?

4 Ho così tanto metallo in me che quando morirò il mio corpo non andrà alla scienza, ma a un ferrovecchio.

5 Mi tengo in forma così mi è più facile correre dietro ai sogni.

6 Superficialmente non la considero una domanda profonda.

7   Ogni volta che mi abbraccia ho l'impressione che stia solo controllando il punto migliore per pugnalarmi alle spalle.

8   Ascolto sempre attentamente ciò che non viene detto.

9   Il *bianco e nero* fa bene alla materia grigia.

10 Preferirei fallire miseramente perché ho provato, piuttosto che sentirmi fallito perché non l'ho fatto.

11 Sono stanco di dover reinventare me stesso.

12 Non ho mai assaporato qualcosa di intelligente sulla punta della lingua, ma ho sicuramente sputato molte stupidaggini ben assaggiate.

13 Sei il migliore non quando fai bella figura, ma quando la fai fare agli altri.

14 Ho spesso intuizioni geniali con cui non sono d'accordo.

15 L'eleganza può essere tradita, la classe no.

16 Ho sempre messo in dubbio chi ha tutte le risposte.

17 Scrivo cose di cui non ho memoria, ma che riesco a richiamare perfettamente nella mia mente.

18 Non soffro d'insonnia, è che non ho ancora finito di pensare.

19 Ho incontrato alcuni geni e non mi hanno compreso.

20 Non tenere il tuo passato più vicino del tuo futuro.

L'eleganza può essere tradita, la classe no.

21 Le cose più belle arrivano senza tamburi che rullano, senza nemmeno una piccola vibrazione sonora.

22 Siate pronti ad accettare le critiche e ad ascoltare altri che hanno fatto diversamente, non necessariamente meglio.

23 Ciò che può sembrare inutile per l'intelletto, non lo è per la coscienza.

24 Sono un uomo stropicciato che non si piega.

25 È facile essere modesti quando non abbiamo fatto nulla, ed è facile essere arroganti se non abbiamo fatto abbastanza.

26 Sono nato a Conegliano, una piccola città in Italia, non ho scelto.

27 Certezze nella vita? Ne dubito.

28 Non aprire una porta per entrare nel mondo, aprila per far entrare *il* mondo.

29 Alcune persone sono naturalmente capaci di trasformare una bella soluzione in un brutto problema.

30 Non mi sento solo quando sono da solo, ho molte cose di cui posso discutere con me.

31 Spiegare la politica italiana l'ho sempre equiparato ad un tentativo di fare nuoto sincronizzato in un mare forza sette.

32 Non sai cosa dire? Non preoccuparti, sono sicuro che ti verrà in mente qualcosa di stupido.

33 Cosa dovrei rispondere a una cosa del genere? Mi limiterò a muover le labbra.

34 Il fatto che nessuno ti capisca non ti fa artista.

35 La stupidità degli altri è meno scomoda della mia.

36 I libri hanno i capitoli, così l'autore può vedere dove le parole vanno a nascondersi.

37 Un punto esclamativo copre spesso una domanda.

38 Capiamo meglio una persona solo quando iniziamo a ricordarla.

39 Spero che non mi troveranno mai in una posizione imbarazzante da morto.

40 Non sono fatalista, ma lo trovo inevitabile.

41 Ha una risposta anche quando non capisce la domanda.

42 Se fai fatica a spiegarlo, probabilmente non è degno di comprensione.

Un punto esclamativo copre spesso una domanda.

43 L'intimità si perde al primo starnuto.

44 A volte mettiamo un punto fermo dove invece dovrebbe esserci una virgola.

45 Un buon padre non deve essere a casa, ma dovrebbe essere presente.

46 La mia vita ha bisogno di un montaggio migliore, c'è troppo materiale nell' ordine sbagliato.

47 La televisione sta alzando i volumi più bassi di mediocrità.

48 È come il turchese: né blu né verde.

49 Non cercare di impressionarmi parlando del tuo talento, spaventami usandolo.

50 Volevo vivere come un artista, ma l'arte è mancata prematuramente.

51 Alcune persone non vivono disagiate, hanno disagio a vivere.

52 I pensieri che *contano* calcolano la tua avarizia.

53 Attraversare una linea che non hai segnato non può essere male.

54 Non è necessario comprendere le regole per romperle, ma è meglio conoscere perfettamente le conseguenze.

55 Va bene avere un ego forte, basta sia piccolo.

56 Più ci capisco, più lo dubito.

57 Il trauma peggiore da bambino non è stato scendere nudo sullo scivolo di metallo bollente dal sole.

58 Il dolore rimane urlo silenzioso quando ci facciamo male di fronte ad altri che ridono di noi.

59 Piuttosto che un suo monologo, preferisco un dialogo con me stesso.

60 Vedo gente morta che fa una gran vita.

61 Mi segue sui social, ma mi evita per strada: il *mi piace* fatto sul marciapiede imbarazza.

62 È convinto che l'unica volta che ha torto è quando dubita di se stesso.

63 Mi piaci così come sei, ma potresti cambiare un pochino?

64 In caso di dubbio, ne compro due di ciascuno, per ogni evenienza.

65 Siamo d'accordo sul fatto che non siamo d'accordo su tutto. D'accordo?

66 Cercare la felicità mi trova triste.

Vedo gente morta che fa una gran vita.

67 Se una coppia non va più d'accordo, non è colpa di nessuno, solo della relazione.

68 Quando le persone non ti capiscono dentro, dicono sempre che sei fuori.

69 Il tempo guarisce tutte le ferite, dopo averle strofinate ben bene con l'alcol.

70 Per diventare ginecologo non devi partorire e per scrivere un thriller non devi uccidere.

71 Non esiste *un* amico, ma solo *veri* amici o persone che conosci meglio di altri.

72 È un tale truffatore che ha cambiato il suo nome per poter ingannare se stesso.

73 Un'onesta arroganza è più facile da digerire di una falsa modestia.

74 Non sono arrabbiato con te, ma mi rasserena pensare al momento in cui non ti rivedrò più.

75 Perché i matematici vogliono quadrare il cerchio? Vogliono far girare una cornice invece di un hula-hoop attorno ai fianchi?

76 Mi spaventa quando qualcuno mi dice che non ha paura.

77 È così innamorato di se stesso che parla solo con estranei che indossano occhiali a specchio.

78 Mai sedersi sul water con il telefono nella tasca posteriore.

79 Non andrò in pensione, scadrò e basta.

80 Spero che tu creda nel Karma, perché questo lavoro è non pagato ed ingrato.

81 Ti preoccupi delle lucciole in estinzione? Figurati che io non vedo più angeli!

82 Sono nato di sera e da allora inseguo la luce.

83 L'amore è l'unico sentimento che può migliorare qualsiasi cosa.

84 Acquistare abilità inestimabili ti dà valore.

85 Un consiglio non richiesto non conosce le buone maniere.

86 Chi dice cosa è buono e cosa è male per te, non è buono a nulla.

87 Legarsi da solo è una pessima idea.

88 Sono disposto a ridere di me stesso in qualsiasi momento, ma non sono disponibile ad essere lo zimbello di nessuno.

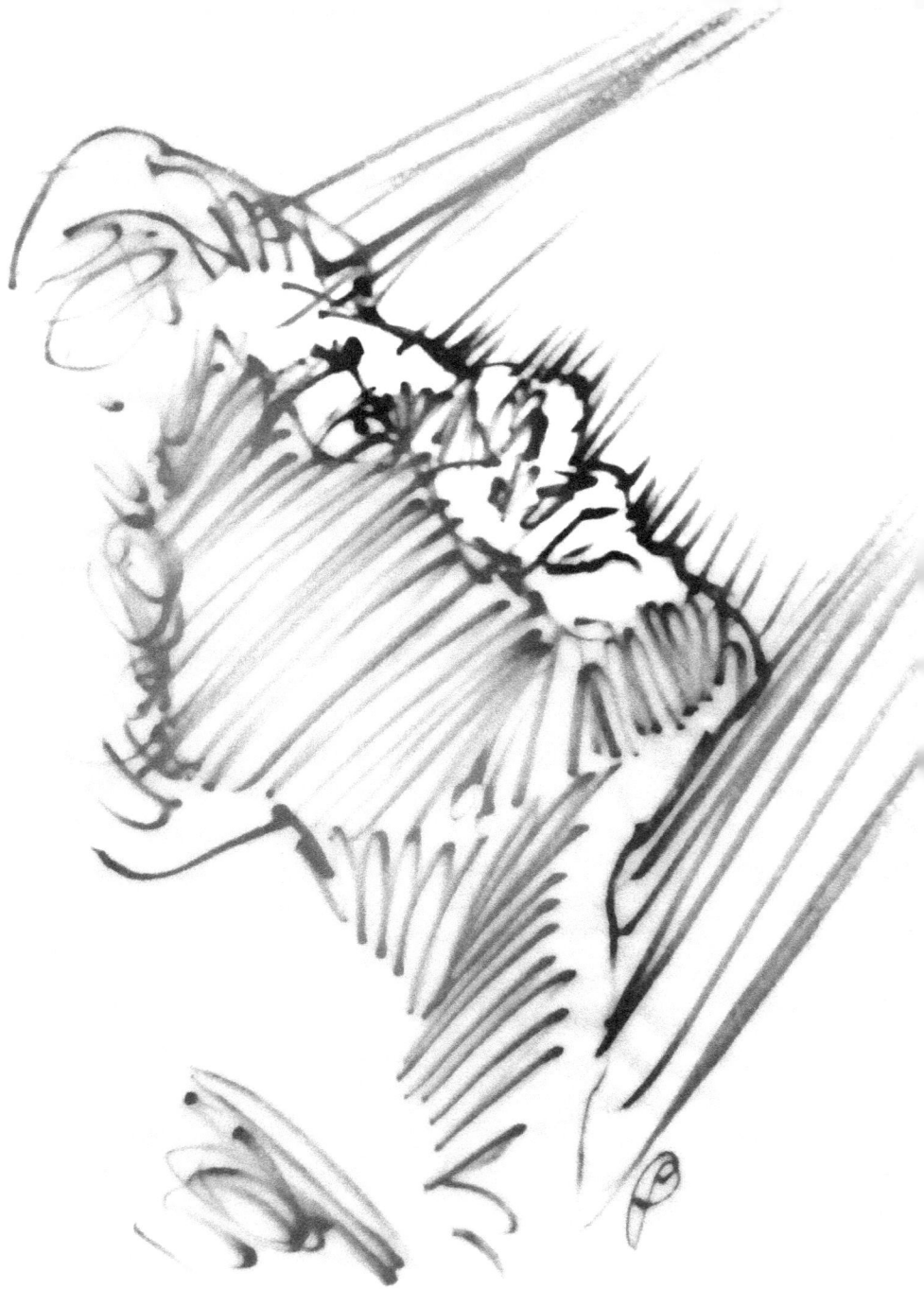

Sono nato di sera e da allora inseguo la luce.

89 Il mio scrivere è segnalibro di qualcosa più grande e migliore.

90 L'attrezzatura vecchia è meglio di nessuna attrezzatura.

91 Sono nato in Italia imparando presto a non sedermi vicino alla finestra nei ristoranti, a non litigare con un cameriere, non offendere un poliziotto o mancare di rispetto a mamma. Quest'ultimo era il più pericoloso.

92 Ho risposte bellissime per le domande di cui non ho coraggio.

93 Bravo in niente è meglio che buono a nulla.

94 Ogni volta che la baciavo mi sentivo come aria dal cielo che scende in pioggia.

95 Prendi sul serio il tuo lavoro, ma sii pronto a ridere di te stesso. Se non ci riesci, lo farò io per te.

96 Non sono sovrappeso, c'è solo un po' più di me da amare.

97 Era così elegante e leggera che non lasciava nemmeno impronte sulla sabbia.

98 Se continui a prepararti non sarai mai pronto.

99 Preferisco seguire l'istinto di una donna che la sicurezza di un uomo.

100 Trascorro così tanto tempo a pensare che a volte mi vien fin il mal di chiappa.

101 Una di quelle facce che vedi una volta e dimentichi facilmente.

102 Sono un veterano dell'amore.

103 Quando non c'è niente da ridere, essere seri è l'unico umorismo possibile.

104 Ho paura di non avere più paura.

105 Un grande amore inizia sempre con una minaccia: voglio stare con te per sempre.

106 Un cleptomane non resiste a non darsi una mano.

107 Le *stupità* sono stupidità che stupiscono.

108 Lavoro sodo e gioco duro, anche se non so più quale sia il gioco.

109 Vivi ciò che dovresti vivere senza pensare a ciò che dovresti fare.

110 *Mai* ha una qualità senza tempo: lo uso sempre.

111 *Essere umani* e *umanità* non si addicono ad alcune persone che ho incontrato.

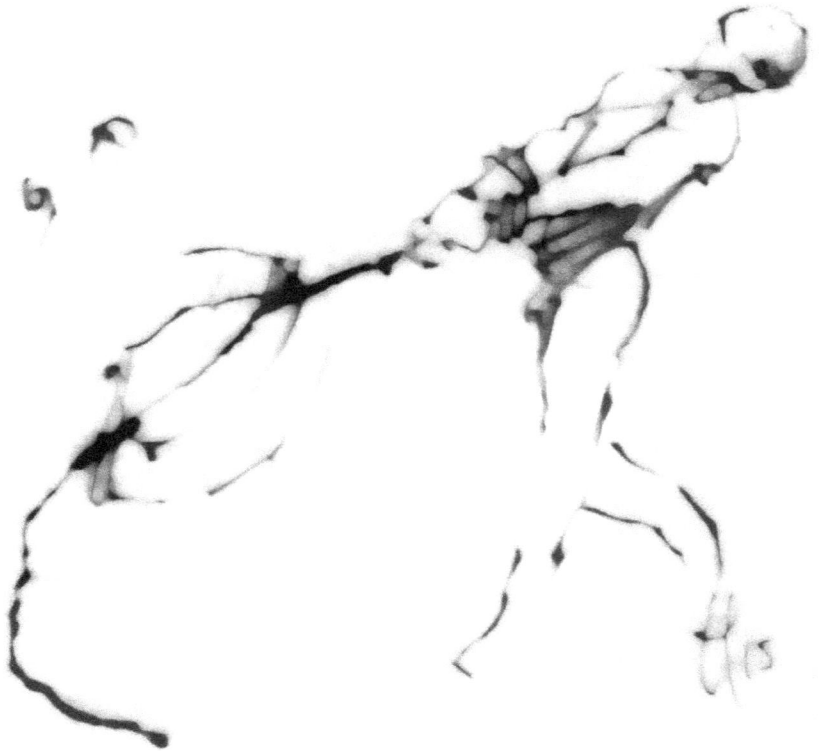

Un grande amore inizia sempre con una minaccia: voglio stare con te per sempre.

PAROLE PER QUANDO SEI SENZA PAROLE

112 Non ha senso discutere con lei, è un po' come correre sul ghiaccio con i tacchi a spillo.

113 Sono incapace di diplomazia, perché non mi abbasso a comprar messe.

114 Potremmo vivere per sempre, se non avessimo memoria.

115 La pubblicità ti fa comprare il prodotto più inutile, brutto e costoso se ti *massaggia* con forza e insistenza.

116 Tutto quello che posso darti di sicuro è un *forse* certo.

117 Nell'essere innamorati, non sono gli anni che contano, ma i minuti - a meno che tu non sia *follemente* innamorato, allora ogni secondo conta.

118 Sogno anche i sogni degli altri.

119 L'essenza della pubblicità è farti sentire a disagio con te stesso, con il tuo bucato, con la tua macchina, con tuo marito; anche se non hai certo bisogno di uno spot per sapere di quest'ultimo.

120 Tutti dicono che dovresti vivere e lasciar vivere, ma sarebbe meglio vivere e lasciare sognare.

121 Non mi piacciono i gruppi, i partiti e le associazioni, perché la loro voce unificata è facilmente manipolata o distorta. Meglio la forza di migliaia di opinioni separate ma concordi.

122 Non sono interessato a conoscere meglio certe persone, le disprezzo già abbastanza così.

123 Nel momento in cui qualcuno mi dice che faccio parte della squadra, mi sento tremendamente solo.

124 Trova il silenzio se vuoi sentire le risposte che chiedi a te stesso.

125 Non sono un pessimista, solo un sognatore con i piedi nella merda.

126 Non scrivo, descrivo semplicemente ciò che vedo.

127 I miei ricordi offuscano il mio futuro.

128 Vorrei condividere la mia solitudine con il mio migliore amico, se ne avessi uno.

129 Penso che dovresti scambiare la tua realtà con l'immaginazione di qualcuno.

130 Non mi piacciono i finali tristi e disprezzo i *lieto fine*. Preferisco il finale giusto, come dovrebbe essere ogni fine.

131 Sudano per ore in palestra e poi prendono l'ascensore quando scendono.

Non scrivo, descrivo semplicemente ciò che vedo.

132 Dimenticare qualcosa è male; dimenticare qualcuno è crudele.

133 Se non ti piace la mia risposta, vuoi provare a riformulare la domanda?

134 Preferisco che le persone pensino che sono stupido perché ho chiesto, piuttosto che sciocco perché non lo sapevo.

135 Mi piacerebbe provare la noia, ma sono troppo provato.

136 Odio quando qualcuno dice che è senza parole e poi ti travolge con uno tsunami verbale.

137 Un lavoro per la vita è molto meno eroico di una vita di lavoro.

138 La maggior parte dei problemi non vengono da risposte sbagliate, ma da domande non fatte.

139 Alcune persone si rialzano prima di cadere.

140 Il miglior consiglio che ho ricevuto per lavorare con successo dietro la macchina da presa è indossare scarpe comode.

141 Se pensi che una foto valga più di mille parole, non abbiamo visitato le stesse gallerie d'arte.

142 Preferisco guardare dei muri che si scrostano piuttosto che una presentazione in Power Point.

143 Mi hanno educato le suore, insegnandomi tutto ciò che non sapevo di male e tutto il male che c'era da sapere.

144 Le frasi più irrimediabilmente disperate sono sempre di speranza.

145 Alla fine della giornata, è solo un altro giorno.

146 Parla tutto il tempo per nascondere pensieri che non ha.

147 Il mio corpo non è un tempio, ma un campo di battaglia.

148 Era tutto perfettamente chiaro finché non mi ha fatto un esempio.

149 Se non sei d'accordo con me, dimostri proprio il mio punto di vista.

150 L'unica valuta che funziona ovunque e con chiunque è il *rispetto*. Puoi darlo, ma non comprarlo. Se ti è dato non è gratuito. Una volta guadagnato è facilmente perso e una volta perso, non è possibile ottenerne ancora.

151 Un vero amico non ti dice *non ti vedo da così tanto tempo* ma *non sei cambiato per nulla!*

152 Prima o poi cadrai, quindi non piangere, alzati!

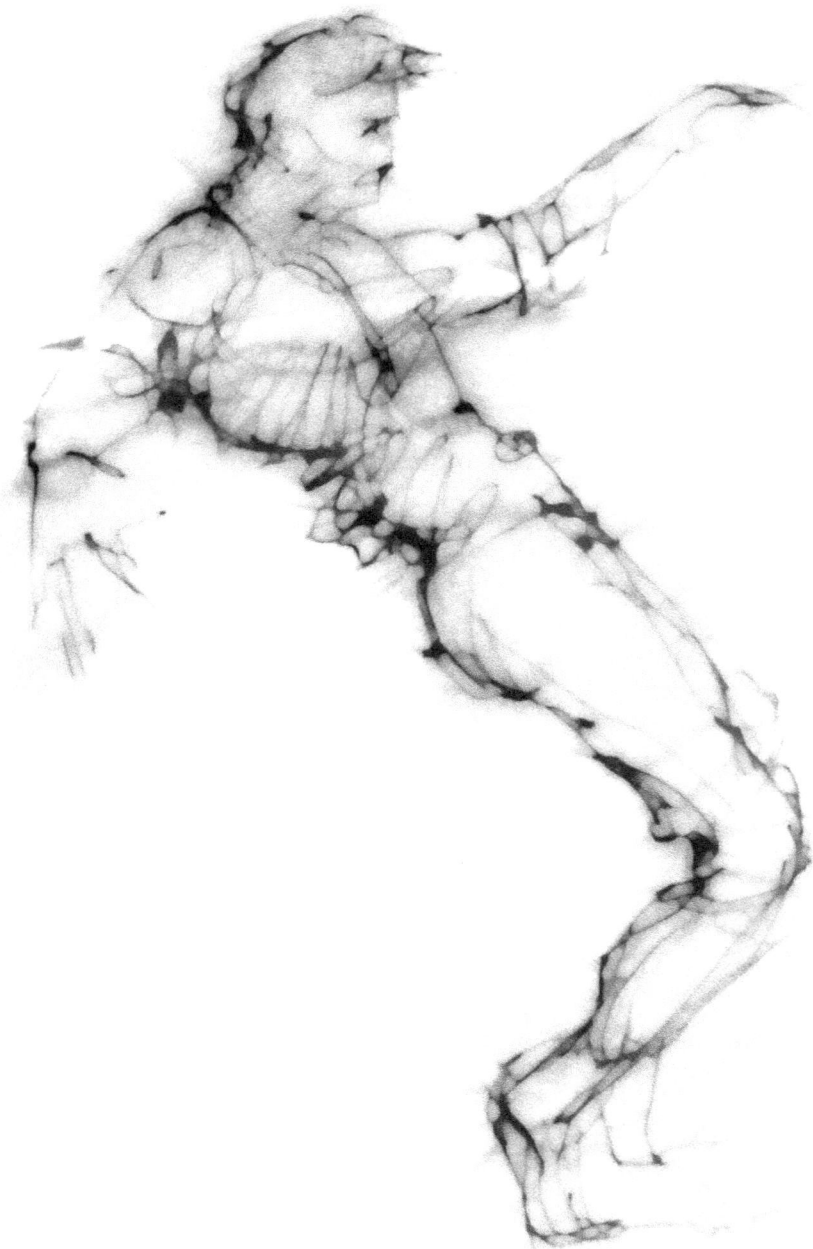

Il mio corpo non è un tempio, ma un campo di battaglia.

153 Si dice di andare avanti e voltar pagina. Ma cosa succede se ho iniziato dall'ultima pagina?

154 Ho immerso le dita dei piedi in mare per la prima volta, un primo piccolo passo verso l'annegamento.

155 Saltare senza guardare? Sei matto? Potrei colpire il soffitto!

156 Vivere nella speranza è in realtà solo procrastinare la certezza.

157 Un sorriso può nascondere qualcosa, le lacrime no.

158 Libera la tua mente. Sii libero. Niente è impossibile. Ma prima di farlo, compra le scarpe. Just do it.

159 Un vero amico non ti sgriderà: prima ti offrirà una soluzione e poi te ne dirà di tutti i colori.

160 Smetti di cercare il senso della vita e dai un senso alla tua vita.

161 Fa la boccuccia in un modo che solo sua madre sa amare.

162 Tutte le cose buone devono finire, ma quando iniziano?

163 Ho raggiunto un'età in cui mi sono reso conto che non leggerò mai tutti i libri che possiedo.

164 Più sogni, più sei libero.

165 Dovremmo visitare le persone prima di visitare grandi monumenti e maestosi edifici, anche le montagne possono venire a noi, ma la gente se ne va se aspettiamo troppo.

166 Credo nella vita dopo la morte? Diavolo, certo che no.

167 Raramente sei quello che pensi di essere, perché raramente è ciò che pensi che sia.

168 Sono stato in posti dove dieci minuti mi sono sembrati una vita.

169 So che è un problema, ma non è un mio problema: è un tuo problema. È un problema?

170 È un pendio scivoloso e qualcuno sta ungendo tutto.

171 Dio ha creato il paradiso, l'uomo continua a creare l'inferno.

172 Ho comprato musica terribile perché mi piaceva la copertina.

173 Il modo in cui alcuni immaginano il paradiso è la mia idea di inferno.

Raramente sei quello che pensi di essere, perché raramente è ciò che pensi che sia.

174 L'amore è un'astrazione alla ricerca della conferma fisica.

175 Gli uomini mentono per ottenere qualcosa, le donne mentono per proteggere qualcuno.

176 Sei proporzionalmente più ricco quando hai meno.

177 Se lo conoscessi come me, non vorresti conoscerlo affatto.

178 Siamo preoccupati che un giorno l'intelligenza artificiale distruggerà l'umanità; non c'è bisogno di preoccuparsi, la nostra naturale stupidità sta già accelerando il tutto.

179 I miei pensieri a volte assomigliano a una sequenza da documentario: veloce, sfocata e piena di luci suggestive.

180 Per capire una persona dovresti amare molti.

181 Uno scrittore nell'era dei computer rimane spesso senza Word.

182 Superman ferma i proiettili con i denti e li sputa al mittente, e questo è chiaramente un complesso di superiorità.

183 La vita va vissuta, non raccontata.

184 Non resto sveglio a farmi domande, né dormo meditando sulle risposte.

185 Niente è stupido se detto con amore.

186 Non possiamo essere tutti poeti, ma possiamo cercare poesia in tutto ciò che facciamo.

187 Non mi cruccio dei sogni che non accadono mai; sogno ancora un po'.

188 Non mi dispiace un bacio veloce, se dura abbastanza a lungo.

189 Non dissolverti, è un pessimo montaggio.

190 Ci sono momenti in cui sento un bisogno disperato di raccogliere me stesso, non solo di riprendermi.

191 Combatti per ciò in cui credi anche se potresti perdere, ti sentirai benissimo in ogni caso.

192 Le uniche notti che non posso dimenticare sono quelle in cui non riuscivo a dormire.

193 Il bugiardo più pericoloso è quello sincero; colui che crede veramente alle proprie bugie.

194 Facevo una corsa o colpivo il sacco se avevo una brutta giornata, oggi faccio alcuni lavori di casa e metto a frutto l'adrenalina.

Non mi dispiace un bacio veloce, se dura abbastanza a lungo.

195 Sembrava il tipo di ragazzo che prima spara e poi fa domande.

196 Certo che guardo la TV, ma non l'accendo mai.

197 I monumenti più belli riflettono una paura interiore.

198 In tanti vorrebbero cambiare lavoro, però senza fatica, guadagnando di più, magari comodi da casa.

199 I politici rispondono spesso in modo tale da mettere in discussione la domanda.

200 Non ho mai fatto nulla in ordine alfabetico; in effetti non ho mai organizzato nulla in nessun ordine. Credo in un caos ordinato.

201 L'amore è come il pane: o diventa stantio con il tempo o ti rimangono briciole.

202 L'intuizione non è creatività finché non trova esecuzione.

203 Sono sempre gli stessi guai, non importa quante volte apro il vaso.

204 Odio spiegare perché sono stato fuori dal mondo per così tanto tempo, quindi rimango fuori dal mondo ancora più a lungo.

205 Uso le parole come una coperta quando fa freddo, passandola sopra la testa, dandomi conforto.

206 Si allontanò per farci sentire in difetto. Non sentimmo nulla.

207 Rimane un film terribile, non importa con quante "D" è stato girato. *(riferito a un film in 3D)*

208 Nel momento in cui doveva andare dritto, diventava un uomo a zig-zag.

209 Entrava in una stanza e il tempo non si fermava, gelava.

210 L'unico modo per parlarle è scrivere lentamente.

211 Non puoi avanzare senza cambiare il tuo equilibrio.

212 Il mare è come un invito aperto senza *dress code*.

213 Non riesce a pianificare nulla, basta guardare le sue ultime relazioni.

214 Lento? Ho visto ghiacciai muoversi più velocemente di lui!

215 Un volto che ha visto cose che non vogliamo sapere.

Entrava in una stanza e il tempo non si fermava, gelava.

216 Non penso sia colpa tua, ma sono in minoranza.

217 Non so cosa dire, disse. Ottimo, le risposi, questo ci risparmia una conversazione.

218 È come una giraffa: il suo cervello è ben lontano dal suo cuore.

219 Nel momento in cui qualcuno ti ha detto *accomodati* hai perso la tua libertà.

220 Non mi sono mai sentito speciale o diverso dagli altri, non potrei mai farmi così male.

221 Lui è la mia roccia: tutto quello che fa è giacere immobile.

222 È vero, tutto è stato fatto prima, ma non significa che debba anche essere presentato sempre allo stesso modo.

223 Scrivere è ammettere che non sei felice.

224 Se la verità è nel mezzo, dove sta la menzogna?

225 Parla così tanto e così in fretta che, al confronto, i proiettili escono da una mitragliatrice come persone dalla chiesa dopo un funerale.

226 Alcuni film d'azione sembrano condimenti da insalata: uno strano retrogusto dopo aver ingoiato roba fresca.

227 Non la odio più, ma la dimentico costantemente.

228 La cosa più importante quando si parla di sesso sono i preliminari; il segreto sta nella parte *pre*.

229 I nuovi sistemi operativi raramente funzionano come dovrebbero, spesso si limitano a sedersi sul desktop, facendo gli splendidi a spese nostre.

230 Rincorrere alcune idee può essere l'ultimo posto dove finirai.

231 Mentire e respirare per alcune persone sono la stessa cosa: riflessi incondizionati.

232 Si crede di essere un così grande attore che mostra sempre il ghigno da "fammi tuo".

233 La bellezza viene dall'interno, a meno che i tuoi raggi x non dicano diversamente.

234 È così sgraziata che le tue otturazioni si agiteranno nei denti.

235 "Non so" - la cosa più coraggiosa che chiunque possa dire.

236 Quando lei lo lasciò, la casa era così vuota che non c'era nemmeno un topo sotto le assi del pavimento.

Rincorrere alcune idee può essere l'ultimo posto dove finirai.

237 Un sostituto per l'amore? Il suo ricordo.

238 Nessun cervello e nessuna vergogna: combinazione da paura.

239 Molte persone buone muoiono male - raramente accade il contrario.

240 Era più facile ribellarsi quando i despoti vivevano nei palazzi.

241 Posso rinunciare all'essenziale purché abbia i miei lussi.

242 Gli piace l'odore della sua spazzatura verbale, come se la puzza di quel riciclo non lo toccasse.

243 Le sue parole danzavano in aria, come ippopotami in fiamme.

244 Non sto pensando al presente, solo riorganizzando il futuro nella mia testa.

245 Una ferma decisione dovrebbe sempre essere presa nella più traballante delle incertezze.

246 Non importa quanto fisicamente fosse vicino, eravamo ancora a miglia di distanza.

247 Era il tipo di persona che conosceva le risposte alle domande che nessuno chiede mai.

248 Perché devo osservare la realtà? Non è abbastanza un'occhiata fuggevole ogni tanto?

249 Le belle teorie sono spesso rovinate da una pessima pratica.

250 Quale versione vuoi? Quella rapida e brutale va bene?

251 Ha una mente tutta sua e un corpo da abbinare.

252 Mentre la gente è affascinata da pixel e risoluzione, io creo immagini e provoco emozioni.

253 Se ciò significa che sei sano di mente, spero che tu impazzisca.

254 Continua a provare; alla fine una delle chiavi funzionerà.

255 Oggi non ho scritto nulla di decente, non ho sofferto abbastanza.

256 Lo considero un capolavoro da appendere, ma a un albero.

257 Ho una pessima memoria; ricordo ciò che cerco di dimenticare.

Ha una mente tutta sua e un corpo da abbinare.

258 È vero che i fiori crescono e fioriscono dal letame e non dall'oro, ma l'oro compra la miglior qualità di letame.

259 Più vago con il cervello, più mi aggiro con i piedi.

260 Fotografo per vedere le cose.

261 Sai che ami qualcuno quando senti la tua voce dire cose che non diresti mai.

262 Abbracciamo coloro che amiamo così possiamo sentirci di nuovo completi.

263 Tieni i tuoi errori bene in vista in modo che possano ancora rimproverarti quando serve.

264 Mi piacerebbe cambiare vita, ma la garanzia è scaduta tempo fa.

265 Meno un film è compreso e più è premiato.

266 Mi è stato raccomandato di non perdere la barca, ma il lago si è gelato.

267 So bene che non c'è un *ma*, stavo solo pensando al *se*.

268 Alcune persone discutono sui bisogni dell'uomo della strada e poi se ne vanno in limousine per raggiungere il jet privato.

269 Oggi non ho scritto niente, sono tra idee.

270 Alcune persone hanno poco senso, indipendentemente da quello che stanno dicendo.

271 A volte penso di scomparire, poi mi rendo conto che comunque nessuno mi nota veramente.

272 Ti piace? - chiese - Credo che dovrò abituarmici.
- fu la risposta.

273 Cosa succede se la giusta direzione è invece
quella presa dai salmoni?

274 Purtroppo la merda sta in superficie, invece
che affondare.

275 Penso che dica costantemente "Ti amo"
nient'altro che come promemoria per se stesso.

276 Alcune persone hanno questo sguardo spento
negli occhi, come se l'unica cosa per cui vivono
fosse superare la giornata.

277 Forse il modo migliore per aiutare qualcuno è
quello di nascondere la tua esperienza.

278 Ho flussi nel mio cervello e idee nel mio
sangue.

Cosa succede se la giusta direzione è invece quella presa dai salmoni?

279 È così bravo in quello che fa che trasforma i professionisti in amatori.

280 È stato divertente come giocare con un modello di trenino sotterraneo.

281 La bellezza fa mostra di sé quando gli standard sono rotti.

282 I bravi scrittori per bambini scelgono parole semplici, non per aiutare il bimbo a capire, ma per i genitori che dovranno leggerle centinaia di volte.

283 I razzisti sono dalla parte sbagliata della storia.

284 Più deboli siamo, più siamo creativi.

285 Se vuoi trovare un vero uomo, smetti di sembrare così finta.

286 Mia madre diceva sempre che adoravo giocare con il sole nella mia culla. Penso che i miei genitori stessero cercando di accecarmi.

287 "Vorrei rimanere qui più a lungo" non ti viene mai in mente mentre sei lì.

288 Non è male, solo peggio dello scenario peggiore!

289 Le persone innamorate sono le migliori - sempre in ritardo, goffi e distratti, spesso assenti.

290 Un bacio è respirazione sincronizzata.

291 Non puoi essere concentrato e innamorarti. L'amore è una bella distrazione.

292 La luce non ha bisogno di nessuno. Come il buio.

293 Lo capisco perfettamente quando non dice niente.

294 Ho lasciato il mio cuore sulle sue labbra.

295 Gli attori indossano un volto sperando che la maschera li trasformi in dive.

296 Ho dato il mio meglio ad alcune delle peggiori persone.

297 C'è chi parla molte lingue eppure non ha nulla da dire.

298 Non ho mai avuto fantasie sessuali sugli uomini, ho già avuto abbastanza problemi con le donne.

299 Ero sempre troppo giovane e poi improvvisamente ho scoperto di essere troppo vecchio.

Ho lasciato il mio cuore sulle sue labbra.

300 Ho visto l'inferno e l'ho trovato molto sottovalutato.

301 Pensaci, ma lascia stare il cervello.

302 Ho perso la barca perché stavo aspettando sul molo sbagliato.

303 Meno è più, più o meno, e a volte meno è male.

304 Quando scrivo, il foglio di carta mi osserva, bianco di paura.

305 Il cielo è il limite dicono, a meno che non piova.

306 Errare è umano, perseverare è anche umano, ma essere recidivi è bestiale.

307 Il cinema è un'attività collaborativa in cui tutti hanno lo stesso obiettivo: cancellare ciò che fanno tutti quelli che sono meglio di te.

308 Una persona noiosa ti fa perdere tempo che non hai.

309 Le azioni sono spesso a corto di parole.

310 Ognuno di noi è un'opera d'arte. Trovare il pubblico che sappia apprezzare il nostro valore è il problema.

311 Peggio di proseguire è seguire per sbaglio.

312 Amarla è un riflesso naturale.

313 Sai di aver trovato un grande scrittore quando ti fa sentire intelligente mentre leggi i suoi libri.

314 A volte la realtà svanisce, quel tanto che basta per rimanere sopportabile.

315 Normalmente lavoro di più quando sono senza lavoro.

316 Non importa quanto hai raccolto, conta quanto lasci.

317 Preferisco avere sentimenti profondi piuttosto che idee superficiali.

318 Non ho rimpianti, tranne rammaricarmi di non averne.

319 Voglio creare immagini in movimento che muovano le persone.

320 La realtà è una distrazione per le mie fantasie.

321 Non ha nessun carisma: solo McDonald's prende i suoi ordini.

322 Esaurire le scuse è la scusa peggiore.

323 Se il nostro destino è già stato scritto, perché non possiamo leggerlo? Chi è l'editore?

Preferisco avere sentimenti profondi piuttosto che idee superficiali.

324 Ci preoccupiamo molto del nostro futuro e dimentichiamo di goderci il nostro presente.

325 Perché timorosi ai piedi della scala invece di affrontare il primo gradino?

326 Il problema della creatività italiana di oggi è che si credono tutti dei Leonardo.

327 Sono felice, ma purtroppo ne sono consapevole.

328 Credimi quando dico di non credere in nulla.

329 Alcune persone sono desiderose di mettermi in ordine nei loro appunti.

330 Sono nato veterano.

331 Come puoi aspettarti che lei capisca quello che dici quando non ti accorgi del suo silenzio?

332 La percezione di commercio equo è spesso tutt'altro che giusta.

333 Non pronunciare mai parole con cui non sei a tuo agio, le tue labbra si imbarazzano.

334 Quello che mi piace veramente di qualsiasi attività non è la fine, ma l'inizio.

335 Le persone che amiamo di più non sono belle, sono preziose.

336 Oggi le persone si usano e le cose si amano: suggerirei il contrario.

337 Più ti detestano e più si congratulano.

338 *Ti ricordi quando* è una frase che incoraggia lacrime.

339 Se stai zitto quando sei in minoranza diventerai una minoranza.

340 Tienimi stretto, sono il tuo portafortuna.

341 Una volta persa la meraviglia troviamo solo uno sbadiglio.

342 Non so cosa sia un capolavoro, ma so sicuramente quando qualcosa è originale.

343 *Parla* frasi che non hanno senso, ma sono grammaticalmente corrette.

344 Le persone creano tradizioni, anche se le tradizioni non fanno una persona.

345 Mentimi pure, non mi dispiace. Dimmi quanto sono bello e intelligente.

346 Sentire è la cosa più bella, non c'è intenzione, lo fai o non lo fai.

347 Apri il tuo cuore, ma fai attenzione agli spifferi.

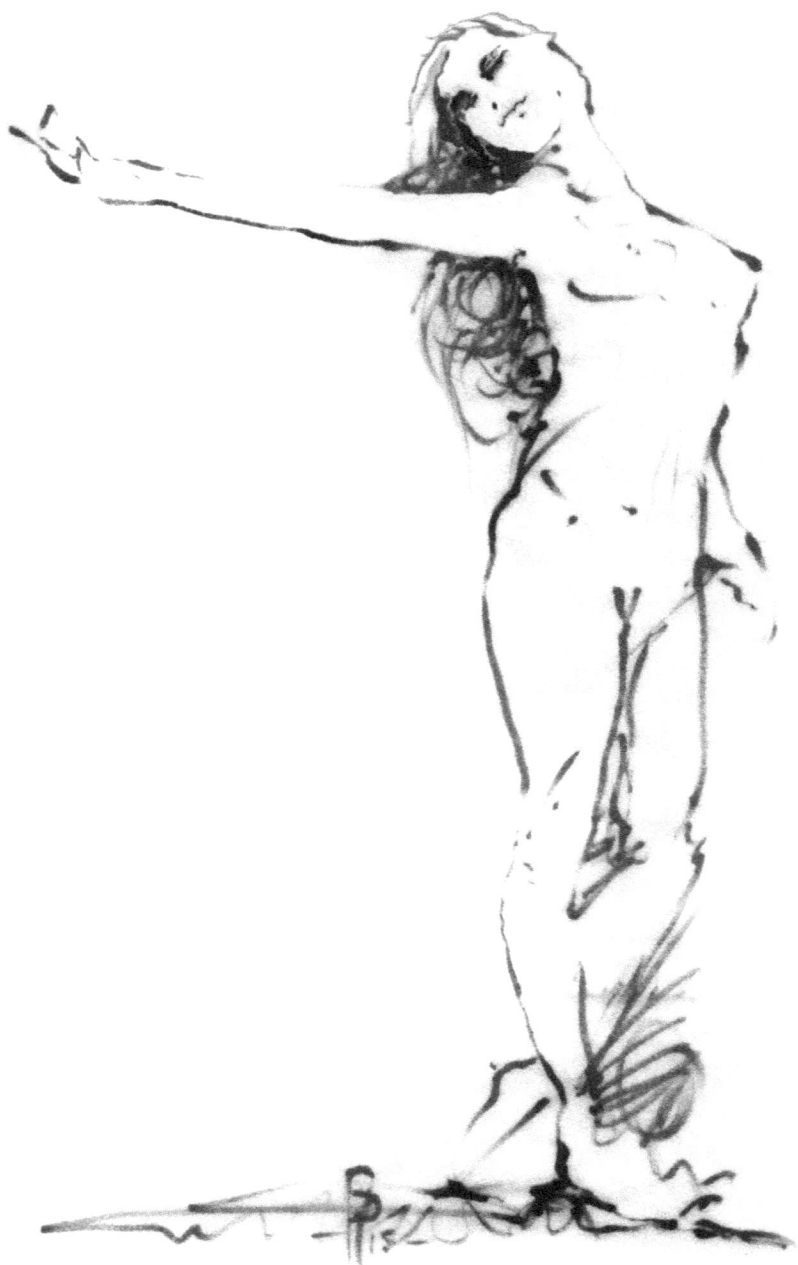

Tienimi stretto, sono il tuo portafortuna.

74

348 Scusa, non mi è passato per la testa, perché era già in mente.

349 A volte l'unico modo per affacciarsi al futuro è rinfacciarsi il passato.

350 Le migliori invenzioni nascono dall'essere troppo pigri.

351 Ci sono persone che voglio eliminare perché sono una tale perdita di tempo, altre invece con cui amo ammazzare il tempo.

352 C'è un limite a quanto possiamo godere, dettato da quanto possiamo amare.

353 Peggio di qualcuno che fa troppe domande è qualcuno che fa domande e ti dà anche le risposte.

354 Paghiamo le nostre scelte anche quando non abbiamo scelta.

355 Era il momento più difficile della mia vita, eppure mi sentivo follemente felice, come un pazzo in un manicomio.

356 Non ho mai provato ad essere una persona migliore, ma cerco costantemente di far sentire migliori gli altri.

357 Più dico la verità, più tutti pensano che stia mentendo.

358 Preferirei ammettere che ho avuto, piuttosto che riconoscere quello che avrei dovuto avere.

359 Di questi tempi, i media, non il governo, danno forma al paese.

360 Nessun punto di ascolto tra non udenti.

361 Ha una memoria così pessima da essere sempre d'accordo con chiunque, anche quando non è d'accordo.

362 Così tante frasi sul significato di un bacio, quando ciò che conta veramente è un bacio con significato.

363 Una persona amara è qualcuno che non può perdonare agli altri di non aver raggiunto i propri obiettivi.

364 Sono stato pugnalato alla schiena così tante volte che, quando qualcuno mi batte sulla spalla, comincio a sanguinare.

365 L'oscurità è solo una questione di luce.

366 Ho iniziato a sentirmi sicuro delle mie scelte nel momento in cui tutte le mie certezze sono andate in frantumi.

367 Non mi piace guardare indietro, mi distraggo e mi faccio male ogni volta.

368 Era così irritante perché era così simile a me.

Così tante frasi sul significato di un bacio, quando ciò che conta veramente è un bacio con significato.

369 Abbiamo scambiato parole vuote, frasi senza senso, eppure ci capivamo perfettamente.

370 Non importa quanto io ci provi, posso solo essere me stesso.

371 Sono felice dietro la cinepresa, non potrei sopportare di riguardare nessuna delle mie azioni in replay.

372 Sei sicuro che questo sia un problema? O il problema è che stai considerando questo un problema?

373 Il passato non è un posto comodo in cui fermarsi troppo a lungo.

374 Bacio con gli occhi aperti perché non posso credere che stia accadendo.

375 Sto cercando di invecchiare senza crescere.

376 Il mio piano è semplice: rubiamo la felicità, scappiamo e, una volta al sicuro, la dividiamo a metà. Affare fatto?

377 Non ho mai pensato al suicidio, il pensiero di sbagliare mi stronca.

378 L'errore più grande non è l'errore in sé ma ciò che ne facciamo.

379 È più facile complicare le cose che semplificarle.

380 Se ti manca il momento, ti allontanerai con la sensazione inequivocabile che non hai vissuto.

381 Una profonda convinzione è il prodotto di un pensiero superficiale.

382 Un principio è un principio finché non ti costa soldi.

383 Ci amavamo con tanta passione che andavamo a fuoco e ogni volta che bruciavamo, la salvavo.

384 Dai, falli ridere! Mi disse. Sono nel mondo dello spettacolo, ma non sono un pagliaccio, risposi.

385 La malinconia è pigrizia vestita in modo più sofisticato.

386 Coloro che danno cattivi esempi sono i primi a offrire buoni consigli.

387 Le persone non cambiano, lo facciamo noi.

388 L'amore è sempre un *senno di poi:* quando amiamo qualcuno non ci rendiamo conto di cosa stiamo facendo.

389 Con l'età non sto diventando più saggio, solo più attento.

Ci amavamo con tanta passione che andavamo a fuoco e ogni volta che bruciavamo, la salvavo.

390 Sono pieno di contraddizioni e non mi annoio mai: c'è molto da riflettere su me stesso.

391 Preferisco perdere che barare.

392 Alcune persone hanno la coscienza pulita perché sono vuote dentro.

393 Puoi dire che ami veramente qualcuno solo quando non sai dire perché.

394 A volte mi sento come quando piove forte: non c'è nessun posto dove ripararsi.

395 Sono venuto in questo mondo, ma non spontaneamente.

396 Faccio foto per fermare il tempo.

397 È un vero spasso vederla lottare tra ciò che vuole e ciò che desidera.

398 Ho ricordi sbiaditi, ed è per questo ho dovuto tatuarne alcuni nel mio cervello.

399 Uno sguardo mi ricorda a volte quanto può essere prezioso il silenzio.

400 Vivi la tua vita come fa lo scultore: togli il grossolano ed il superfluo, cesellando delicatamente i dettagli.

401 Le persone più interessanti sono sempre soddisfatte nelle circostanze più complicate.

402 Stava sorridendo con le lacrime nel cuore.

403 Si ribellava sempre per essere diversa, ma lo stesso facevano tutti gli altri.

404 Non voglio migliorare: mi piace la mia contraddizione.

405 Non farmi domande per le quali non sei preparato a sentire la risposta.

406 Sorride come fa il sole mentre attraversa le nuvole.

407 L'autostima del bullo è alimentata dall'indecisione degli altri.

408 Durante la ricerca della perfezione, distruggiamo ciò che era già abbastanza buono.

409 Continuano a ricordare le sue parole sagge e divertenti, io invece non dimenticherò mai i suoi silenzi.

410 La mia stupidità è sempre rassicurante quando incontro persone troppo intelligenti.

411 Ho fatto molti errori nella mia vita; il più grande è che non ne ho fatti abbastanza.

Sorride come fa il sole mentre attraversa le nuvole.

412 Non posso scrivere oggi, non ho sentito né amore né dolore, solo inutile autocommiserazione.

413 Così tanti a voler avere ragione, mentre basterebbe essere sinceri.

414 Non temere di piangere; le lacrime ti fanno vedere quando il tuo cuore è troppo gonfio.

415 Ho ricevuto le migliori risposte quando non ho fatto domande.

416 Il segreto di una vita felice insieme: bagni separati.

417 C'è sempre spazio per miglioramenti, anche quando è affollato.

418 Sogno da solo di notte e in buona compagnia durante il giorno.

419 Oggi, per essere alternativo, non devi farti notare.

420 Come genitore c'è solo una certezza: sarai sempre in errore.

421 Non voglio avere l'amara verità tutto il tempo; dammi una dolce bugia di tanto in tanto.

422 Quando le persone sorridono perché sono diverso, rido perché sono tutte uguali.

423 Perché tutti sono così preoccupati per la loro reputazione e non per la loro coscienza?

424 Era un maestro di vita perché la sua vita era elementare.

425 Se qualcuno suggerisce di provare un percorso diverso, considera di accelerare e terminare.

426 Alcune persone vivono a tutta velocità, ma con il freno a mano tirato.

427 Quando conto le cose belle nella vita, raddoppio sempre quelle che ho fatto con te.

428 Quando non riusciva a capire, inventava una scusa, e quella era la cosa più imperdonabile.

429 Dare un senso a questo mondo non ha alcun senso.

430 È un miracolo, ma come tutti i miracoli non durerà abbastanza a lungo.

431 Non possiamo aspettare qualcuno che non conosciamo.

432 Non ho un brutto carattere, solo cattivo temperamento.

Quando conto le cose belle nella vita, raddoppio sempre quelle che ho fatto con te.

90

433 La mia anima porta le cicatrici di ciò che fa il mio cuore.

434 Non sapevo che sarebbe stata l'ultima volta che l'avrei vista, perché non c'è mai un'ultima volta nella nostra mente, quando amiamo qualcuno.

435 Non importa se mi citi, basta che non mi citi correttamente.

436 A volte, la cosa migliore da dire è non dire.

437 Alcune cose non hanno senso perché le stai leggendo troppo.

438 Vediamo ciò che vogliamo vedere quando non c'è molto da vedere.

439 Ti credo, questo è il problema, ti ho creduto in passato.

440 L'amore, come una fiamma, ha bisogno di qualcosa da bruciare altrimenti non ci sarà fuoco.

441 Il silenzio è d'oro perché ti fa sembrare unico e raro.

442 Sii parsimonioso con la verità: non mentire, ma non esserne troppo generoso.

443 Non può essere inutile se è bello.

444 Sai che ami qualcuno quando senti il tuo nome appoggiarsi bene sulle sue labbra.

445 Il mio piano B è che non c'è un piano B.

446 La felicità esiste solo come momenti; cercare una felicità costante è una perdita di tempo.

447 Indosso il mio cuore sulla mia pelle, con lacrime a ricamo.

448 Non mi sto comportando in modo strano, siete voi che non sentite la musica.

449 Perdonare significa ricordare senza soffrire.

450 Ha riscaldato la notte nel deserto con una tazza di caffè.

451 Riesce a complicare facilmente un compito semplice, usando l'inutile per renderlo difficile.

452 Dillo una volta sola, ma dillo bene.

453 Non m'interessano i passi da gigante, preferisco i piccoli passi, magari a piedi nudi sulla neve.

454 Ho l'anima piena di buchi come un flauto; suonala bene e ti piacerà.

455 Non sono *dalla* tua parte: sono *la* tua parte.

Non mi sto comportando in modo strano, siete voi che non sentite la musica.

456 Anche senza note sbagliate si può essere stonati.

457 A volte il modo migliore per farlo è farlo.

458 Adoro annusare la tua pelle, assaporando quanto sei bella dentro.

459 La poesia è la più stuprata di tutte le arti.

460 Abbiamo così paura di non essere amati che ci dimentichiamo di amare quelli che spaventiamo.

461 Sono stato così vicino ad alcune persone, eppure non mi hanno notato.

462 La verità molto raramente si trova fuori, sola, ad aspettarci.

463 Preferisco sentirmi dire che sono matto piuttosto che non ragiono.

464 La verità fa male, ma una bugia può finirti.

465 A volte mi perdo nei miei pensieri, un mondo di sogni gravemente inquinato dalla realtà.

466 Quando disegno non cerco di disegnare, succede e basta.

467 Non c'è niente di più falso di qualcuno che inizia una frase con *a essere sincero.*

468 Il dolore ti fa a pezzi: comincia a raccoglierli prima che vengano spazzati via.

469 Dovrai dire la verità prima o poi, puoi sussurrarla se vuoi, ma dovrai dirla.

470 Spingi o tira, ma esci di qui.

471 Non tocco mai i freni, gratto sempre sui lati, cercando di rallentarmi.

472 Fraintendo l'ovvio, apposta.

473 Il mio amore per te è così profondo che tutti i pesci del mare ne parlano.

474 Tutti possono indebitarsi quando non hanno soldi, ma alcuni ci riescono quando ne hanno a palate.

475 Ero davvero a pezzi, ma erano così taglienti che mentre mi riaggiustavo mi facevo ancora più male.

476 Mi dispiace per il mio angelo custode; nessuno è mai stato più occupato di lui.

477 Amiamo i film in cui le persone si innamorano in modi impossibili.

478 Fino a quando ti sei svegliata ho pensato che tu fossi perfetta.

Il mio amore per te è così profondo che tutti i pesci del mare ne parlano.

479 Ogni volta che parlava, la bella percezione che avevo di lei veniva contraddetta.

480 Mi preoccuperò solo quel giorno in cui non avrò più storie da raccontare.

481 Non ho idea di dove vanno le persone una volta che muoiono, ma so dove finiscono quelle a me care.

482 Non si può essere creativi accettando le cose come sono.

483 Non ho paura del diavolo; ho incontrato uomini che erano molto peggio.

484 Preferisco una bugia intera che una mezza verità.

485 Una questione di vita o di morte: la vita di chi per la morte di cosa?

486 Non aver paura di mostrare la tua debolezza, anche se altri ne faranno la propria forza.

487 Non ha senso annegare i tuoi dolori, sanno nuotare perfettamente.

488 Chi sa veramente parlare non si fa notare, ma viene ricordato.

489 Non c'è nulla di sbagliato nelle lacrime: hanno un sapore come il mare profondo, che poche persone possono raggiungere.

490 Se continuiamo a incontrarci in questo modo, dovremmo almeno scambiarci degli abbracci.

491 Non ho un cuore di pietra, batte troppo velocemente.

492 Fa tante domande come un bambino, ma a differenza di un bambino non accetta le risposte.

493 Sogno di far riposare la mente da troppa realtà.

494 *Non ti ho mai dimenticato* fa più male di *dimenticami*.

495 Lo scopo dei nostri sogni è quello di bilanciare una realtà che non sappiamo gestire.

496 Gli eroi di oggi sono riciclati e a perdere.

497 Non vuoi che il tuo cuore pensi, ma dovresti pensare con il cuore.

498 Voglio mancarti quando sei impegnata, circondata da mille persone e non hai tempo di pensare.

499 Ogni bugia contiene una verità nascosta.

500 Alcune persone fanno a pezzi il tuo lavoro perché non possono accettare la tua integrità.

Sogno di far riposare la mente da troppa realtà.

102

501 In molti si sentono soli perché si fanno cattiva compagnia.

502 Il silenzio a volte è il posto più comodo.

503 Ci preoccupiamo degli anni della nostra vita, quando invece è la vita in quegli anni di cui dovremmo preoccuparci.

504 Non rispondo sempre al telefono, non ha il diritto di ricevere attenzione ogni volta che si fa sentire.

505 Ho fatto molti errori, e ne ho rimpianti alcuni.

506 Rido sempre stupidamente in compagnia di persone intelligenti.

507 Perché la sofferenza di un animale dovrebbe essere diversa dalla nostra? Hai mai guardato negli occhi di un cavallo quando è ferito?

508 Credo in Dio, ma diffido dei suoi servi.

509 Era in guerra con il mondo; peccato che non si accorgesse che il mondo era dalla sua parte.

510 La National Gallery è come visitare chi ha una bella collezione, il Louvre invece è un artista narciso tronfio della propria arte.

511 Una conversazione diventa pesante in proporzione diretta alla leggerezza delle teste coinvolte.

512 Mi sento egoisticamente bene con te perché ti faccio sentire bene.

513 L'ho trovato! L'ho trovato! Non riesco a ricordare cosa fosse, ma l'ho trovato.

514 Se pensi di amare davvero qualcuno, non hai amato abbastanza.

515 Non devi andartene, puoi fermarti sul mio cuore stasera.

516 Certo che sono felice, è solo che ho fretta.

517 Il mio cervello manda avanti il mio cuore e, quando ha successo, ne prende il merito.

518 Un atto spontaneo di gentilezza ha una bellezza disinvolta.

519 Toccava la sua mano con gli occhi chiusi, le labbra sigillate da tante parole, timide di rovinare quel momento.

520 Faccio tesoro delle mie perdite più di quanto sfrutti i miei guadagni.

521 Hemingway poteva scrivere magnificamente da ubriaco, perché da sobrio era ancora Hemingway.

Non devi andartene, puoi fermarti sul mio cuore stasera.

106

522 Il bello scrivere è come l'abilità di un lanciatore di coltelli, che evita il bersaglio con grande grazia e precisione dando grande spettacolo.

523 Odio ripetermi solo perché non mi piace il suono delle mie stesse parole.

524 Un pessimista è un ottimista con esperienza reale.

525 Faccio sogni strani, ma così strani che spesso mi chiedo nel sogno perché sogno cose così strane.

526 Aveva un odore meraviglioso, non come una modella da passerella o un'attrice famosa: odorava di casa.

527 Non mi importa di essere tra me e me, ma ho paura di stare a tu per tu con me stesso.

528 Posso sopportare che non ti piaccia quello che dico, ma non potrei sopportare che non capissi il mio silenzio.

529 Non c'è niente di male nel ripetersi se la prima volta è andata bene.

530 Tu vali quello che cerchi.

531 Ha più plastica su di sé che la mia carta di credito.

532 Sono un pessimista, perché se fossi un ottimista non avrei motivo di voler cambiare il mio futuro.

533 Improvvisamente sentii che tutta quella sciocca felicità mi rendeva triste.

534 Se vuoi davvero capire qualcuno, osserva come ride.

535 Preferirei sentire una bugia che essere lasciato in dubbio.

536 Ero seduto in un angolo delle tue note, in attesa di essere letto dal tuo cuore.

537 Quando mi tiene la mano mi sento come sabbia in una clessidra.

538 Non sederti in mezzo, specialmente se non c'è nessun posto dove sederti.

539 Bruciava di febbre e scioglieva la mia guancia con le labbra, come il sole che bacia la neve.

540 Il fallimento a volte è solo rinuncia a non provarci abbastanza.

541 Mi fido del cervello su cosa evitare, ma preferisco sia il cuore a decidere sul resto

542 Non ha senso cercare la felicità, poiché la felicità ci troverà se ce la meritiamo.

Ero seduto in un angolo delle tue note, in attesa di essere letto dal tuo cuore.

543 Attendo sempre, anche se il tuo cuore è in ritardo.

544 L'*ora* di oggi è già in ritardo perché non ho ancora avuto risposta al *quando* di ieri.

545 Viviamo solo una volta, assicurati che sia abbastanza.

546 Non amare qualcuno e aspettarti di cambiare ciò che non ti piace; pensa a tutte le cose che odi di più e se le ami ancora è vero amore.

547 Ciò che mi rattrista è che il vento non giocherà più con me una volta che avrò perso i capelli.

548 Non voglio diventare realista, anzi, non capisco nulla di ciò che chiami realtà.

549 Sta zitto come il gatto che sta per balzare su un passero.

550 Quando ero giovane le ragazze non volevano venire al cinema con me, perché volevo davvero vedere il film.

551 Più incontro persone di grande intelligenza, più preferisco le persone di grande gentilezza.

552 Il cane è il migliore amico dell'uomo, ma se l'uomo continua così, finirà per essere il suo unico amico.

553 Chi afferma di non credere nell'amore non ha sofferto abbastanza.

554 Le parole danno colore alle immagini che non riesco ad immaginare.

555 Accolgo con favore le critiche, ma non i critici.

556 Ci sono persone pronte a dare lezioni di vita che non hanno mai vissuto, condividendo esperienze che non hanno mai avuto.

557 Non è che sono innamorato, ho perso proprio ogni equilibrio per sempre.

558 Non prova vergogna perché non ha dignità.

559 Non sto cercando di essere migliore di chiunque altro, voglio solo migliorare oltre misura.

560 La sua modestia è solo una forma di orgoglio costipato.

561 Sono ciò che ho letto.

562 Accetta le cose che non puoi cambiare e osa cambiare le cose che puoi, ma sii abbastanza saggio da conoscere la differenza.

563 La libertà sta lasciando respirare profondamente la tua anima.

Non è che sono innamorato, ho perso proprio ogni equilibrio per sempre.

114

564 Quando piangiamo così tanto che non possiamo più parlare è perché le nostre parole sono affogate nel profondo del cuore.

565 La prossima volta che sei in imbarazzo non guardare a terra, guarda in alto.

566 Preferisco le lacrime agli occhi che il sangue sulle mani.

567 Un perfezionista che non ha mai portato a termine qualcosa, è inutile come chi non ha mai iniziato.

568 Scusa, la prossima volta farò un errore migliore.

569 La vita ha sempre una risposta a tutto, è colpa tua se non riesci a leggerla.

570 È un genio? Veramente? Per quanto?

571 *Ti amo* ha un suono meraviglioso in ogni lingua, ma non in tedesco.

572 Sono tornato da posti dove nessuno è invitato e da dove nessuno se ne va.

573 Beh, puoi certamente rifarlo, ma non potresti mai inventarlo per primo.

574 Più si sforza di essere rispettabile, più risulta ridicolo.

575 È perennemente scontenta, fin dalla nascita deve aver vinto il gioco *chi ride ultimo* ogni volta.

576 Solo un sognatore può davvero raggiungere qualcosa di reale.

577 La prima qualità per parlare bene è essere in grado di ascoltare ancora meglio.

578 La musica cancella o evidenzia con forza.

579 Puoi definirti uomo solo quando spingi i tuoi limiti.

580 Quando piove, non cercare sempre il coperto e balla all'aperto.

581 Non ho mai dato un nome ad un'auto o ad una macchina fotografica, non chiamo nulla che non mi possa rispondere.

582 Ho creduto nell'ateismo dopo aver letto Nietzsche.

583 Il silenzio è d'oro, ma una parola si spende più facilmente.

584 Capisce così tanti libri, ma non sa leggere una sola persona.

La musica cancella o evidenzia con forza.

118

585 Usciamo a cercare le cose che abbiamo dentro.

586 Come possiamo essere a disagio per un sentimento? Possiamo incattivirci, ma non possiamo essere cattivi perché ci sentiamo tali.

587 Un'opportunità mancata è un colpo che non hai tirato.

588 Non mi sforzo di essere felice; essere contento è già un risultato.

589 Vivi come se fossi in una chiesa con finestre colorate: quando il sole splende, goditi lo spettacolo, ma quando si fa buio accendi qualche candela.

590 Se hai occhio apprezzerai ciò che ami, senza nemmeno guardare.

591 Più ne dubiti, meno errori farai.

592 Non dovresti mai preoccuparti di ciò che non sai, ma piuttosto di ciò che pensi di capire.

593 Ti rendi conto se sei veramente libero solo quando ti muovi.

594 Le foto che amo di più sono quelle che non riesco a descrivere.

595 Puoi conoscere te stesso solo se hai sofferto.

596 Non sono un duro, per niente: ho incontrato molte persone dure e fortunatamente non ho mai avuto nulla in comune con loro.

597 L'olfatto è l'afrodisiaco colto in *fragrante*.

598 Si sentiva molto importante con la sua scrivania occupata di nullità.

599 Qualche volta prova a far correre il tuo cuore fuori dal corpo.

600 Le parole che non arrivano sono quelle che portano più verità.

601 Ogni volta che mi sono aperto a qualcuno ho preso solo freddo.

602 Era alla fine, ma si rese conto troppo tardi che aveva avuto un brutto inizio.

603 Nessuno può capire cosa non ho fatto.

604 *Adesso* è un'ascia affilata che taglia le ore e le getta nel passato con precisione spietata.

605 Corriamo alla ricerca della felicità e non ci accorgiamo quando l'attraversiamo.

606 Alcune parole non guariscono mai.

Qualche volta prova a far correre il tuo cuore fuori dal corpo.

607 Non mi nascondo mai: tutto è in prima linea nella mia vita.

608 Alcune persone cambiano come un camaleonte a seconda di ciò su cui capitano.

609 Qualcosa rimane sempre, anche in seguito, anche quando non è successo nulla, perché quel nulla era qualcosa che non accadeva.

610 Non hai vissuto finché non hai fatto ridere qualcuno.

611 Come ingegnere fu un disastro: costruiva una diga dai disegni di un ponte.

612 Ci sono persone che aspettano tutta la vita per essere scelti da chi non riescono a scegliere.

613 Il tempo è come lo spazio e il denaro: non ce n'è mai abbastanza.

614 Se piangi mentre piove nessuno se ne accorgerà.

615 Non puoi essere coraggioso se non hai paura.

616 Prova prima a fare da solo: se ricevi aiuto oggi, te lo aspetterai anche domani.

617 Un cerchio perfetto è anche un circolo vizioso?

618 Non mi dispiace di essere chiamato pigro se non faccio ciò che non dovrebbe essere fatto.

619 L'unica cosa di cui sono sempre sicuro è che sono sempre pieno di dubbi.

620 Iniziamo liberi, ma finiamo spesso legati dai legami che ci creiamo.

621 Gli opportunisti di oggi sono sostenuti dalla propria aria calda: la passività attiva degli avvoltoi.

622 Non mi piace parlare del mio passato: quando sono descritto a parole perdo tutto il mio fascino.

623 È facile non mentire, basta non dire nulla.

624 Non ho idea di chi io sia per la maggior parte del tempo, ma molte persone mi offrono alternative abbastanza spesso.

625 Il successo è sempre frainteso e spesso sopravvalutato.

626 Si possono vedere cose belle, ma raramente si prova bellezza.

627 Peggio che non essere amato è non essere più amato.

Gli opportunisti di oggi sono sostenuti dalla propria aria calda: la passività attiva degli avvoltoi.

126

628 Perché mi ami? - chiese - Perché ogni volta che ti vedo cado, e tu sei lì a prendermi. - risposi.

629 Non mi sentivo né estraneo né veramente a casa.

630 Parlava sempre così veloce, sempre in discesa, senza freni o guida.

631 L'onestà a tutti i costi è solo cattiva educazione.

632 Mi contraddico continuamente: la coerenza è sinonimo di conformità.

633 Il problema con il successo è che devi continuare a ripeterlo; con il fallimento non serve.

634 L'innovazione viene da visionari irrequieti, non da seguaci conformisti.

635 Saremo pure tutti sulla stessa barca, ma alcuni non mi sembra che stiano remando.

636 Puoi parlare qualsiasi lingua se hai abbastanza fame.

637 Un moralista giudica gli altri, una persona morale giudica se stesso.

638 Ci sentiamo così potenti quando schiacciamo una formica, ma il vero potere è la capacità di crearne una.

639 Imparo sempre di più ogni volta che saluto qualcuno che amo.

640 Non guardarmi con gli occhi, fissami con il cuore.

641 La vita che non stai vivendo è spesso quella che vale la pena vivere.

642 Il mio non è caos, è solo un criterio che non capisci.

643 Da bambino, il mio amico invisibile aveva più problemi di me.

644 Ne parla bene solo per parlarne male.

645 Sono stato in una casa piena di farfalle; non c'erano pareti, solo carta da parati colorata in continua evoluzione.

646 I difetti mi rendono perfetto da amare.

647 Le occasioni perse non mancano mai di trovarmi ogni volta.

648 Non sei sicuro di essere abbastanza intelligente? Dubitarne è già molto intelligente.

649 Nel cercare di essere unici finiamo tutti uguali.

Il mio non è caos, è solo un criterio che non capisci.

650 Potrei non sapere cosa sto facendo, ma so sempre dove sto andando.

651 Il peggior momento del tuo nemico è il tuo migliore.

652 Senza di te la mia vita sarebbe solo un errore.

653 *Potrei averlo fatto io* è la cosa più irritante che si possa dire.

654 Temere il domani ti rovina l'oggi.

655 Non incolpare le circostanze, la maggior parte delle volte sono di tua iniziativa.

656 Alcune persone sono come i fiocchi di neve: quando provi a tenerle scompaiono, lasciando una lacrima.

657 Guardi un film, ma sogni un libro.

658 Dovremmo preoccuparci di quanto gli altri credono in noi, non di quanto o in cosa crediamo.

659 Le cose che chiami care ti consumano con i ricordi, costando lacrime e dolore. Ecco perché sono chiamate care.

660 Ricordati di scrivere TI AMO in lettere maiuscole sul tuo cuore. E dimentica il punto.

661 Ho una scarsa opinione di me stesso fino a quando incontro chi non mi conosce affatto.

662 Preferisco essere detestato per quello che sono veramente, piuttosto che ammirato per ciò che vengo percepito falsamente.

663 È brava a condividere opinioni che non ha.

664 Perché le parole giuste arrivano sempre nel momento sbagliato?

665 Odio gli ombrelli quando riparano dalla pioggia.

666 Ha un complesso di superiorità sostenuto da
tacchi troppo alti.

667 La morale della favola è sempre la solita storia.

668 Non sei mai troppo occupato se hai il tempo
per dire che lo sei.

669 Non accecarti e poi dire che è buio.

670 Una mente creativa non frena, rallenta e basta.

671 Se miri in basso, non rimarrai mai deluso, ma
ti chiederai sempre cosa potresti aver ottenuto
mirando più in alto.

672 Se vai troppo in profondità in alcune
discussioni rischi di affogare.

Odio gli ombrelli quando riparano dalla pioggia.

673 Grazie per il divertimento, anche quando non lo è stato.

674 Forse sarò pazzo, ma se tu sei sano di mente penso che la gente preferisca te in una camicia di forza.

675 Invece di sottolineare cosa è sbagliato, mostrami come farlo nel modo giusto.

676 Fare del bene potrebbe finire male, solo tu puoi decidere se ne vale la pena.

677 Si crede un pezzo grosso, ma è solo un grosso impaccio.

678 I miei pensieri sono magnificamente scritti, ma tradotti in modo pessimo.

679 La realtà mi deve cose che i miei sogni non possono permettersi.

680 Preferirei essere in pericolo per un atto di coraggio piuttosto che essere al sicuro per vigliaccheria.

681 Non è mai colpa di nessuno, solo mia.

682 Alcune persone nascondono la testa nella sabbia, ma quando la sollevano l'odore tradisce che sabbia non era.

683 Se commiseri te stesso significa che non sei abbastanza dispiaciuto.

684 Ascolto nel buio e parlo al sole.

685 La cosa più triste, per le persone a cui non piaci, è vederti felice.

686 Una mezza verità raccontata con cattive intenzioni è peggio di una intera bugia.

687 Abbraccia i tuoi demoni se vuoi coccolare i tuoi angeli.

688 Ho sconvolto il mio direttore di banca quando ho detto che tenevo il mio conto in passivo per mantenere la banca in attivo.

689 Perché sacrificarsi per permettersi orologi costosi e poi non avere tempo per niente?

690 Non devi dire tutto ciò che pensi, ma è meglio che tu pensi a quello che stai per dire.

691 Il modo migliore per essere in buona fede è ammettere che non puoi esserlo.

692 Mi sentivo come una conchiglia sulla spiaggia, sballottata dalle onde sulla sabbia bagnata.

693 Quando si illumina non si crea: si svela.

Abbraccia i tuoi demoni se vuoi coccolare i tuoi angeli.

694 Come libero professionista non ho vacanze, solo pause caffè.

695 Una relazione è tra più parti: tu, io e noi.

696 Offri le tue parole con una spolverata di zucchero, potresti doverle rimangiare domani.

697 Dillo pure con i fiori, ma sottolinealo con i cioccolatini.

698 Non cerco mai di capire, voglio solo sapere.

699 Alcune persone vivono in un passato che non hanno.

700 Sono un sognatore diurno perché sono un insonne notturno.

701 Il buon senso non ha senso per certa gente.

702 Ogni volta che chiamavo il numero sbagliato qualcuno rispondeva sempre.

703 Non resto più alzato a Capodanno, arriva sempre più tardi ogni anno.

704 Dopo aver visto il museo degli Uffizi a Firenze, ho capito che una vita non è abbastanza.

705 Il tempo e il silenzio non possono essere comprati, né negoziati.

706 Dicono che nulla è impossibile se lo vuoi davvero; rimango impassibile allora.

707 Quando chiudi gli occhi per riposare, fammelo sapere, così puoi essere lì quando chiudo i miei.

708 Non rimarrai deluso se non hai aspettative deludenti.

709 Manda le tue labbra a un nuovo indirizzo, mi sono trasferito.

710 La sua falsa modestia è facilmente esposta dalla sua vera arroganza.

711 Dice sempre a tutti quello che ha fatto, ma è difficile capire chi sia.

712 Una mezza verità diventa una bugia completa se non è lasciata sola.

713 Lascio l'invidia alle persone che pensano sempre cosa avrebbero dovuto avere invece che a quello che hanno.

714 Scrivo perché sono terrorizzato di essere dimenticato, anche se spesso finisco per scrivere cose facilmente dimenticabili.

715 Vivo una vita costosa, pago caro le molte scelte.

Manda le tue labbra a un nuovo indirizzo, mi sono trasferito.

716 Sono sempre stanco di chiunque usi troppe parole per esprimere qualcosa.

717 Sogna in grande e costruisci quei sogni.

718 Il suo uomo vero, ideale, è effeminato, perfettamente cerato, anoressico.

719 Non voglio scrivere nulla di intelligente, non sarei in grado di replicarlo.

720 Ho bruciato dei ponti e mi sono goduto lo spettacolo.

721 Non mi piace fissare nuvole insulse; preferisco osservare le formiche nell'erba, intelligentemente occupate.

722 Dì una cosa e dilla bene se vuoi che venga ricordata.

723 È vago al punto di non avere alcun senso.

724 Se non hai niente da fare, porta il tuo nulla altrove.

725 La pace arriva nella tua mente quando le aspettative se ne vanno.

726 Dove c'è una volontà c'è un modo, ma mai il contrario.

727 Sì, ho la risposta, anche se sarà diversa se me lo chiedi più tardi.

728 Il telefono non è mai dove sono io.

729 Ogni volta che mi sono sbagliato ho scoperto qualcosa di giusto su di me.

730 Non sono una guida turistica del paesaggio dei sentimenti.

731 Quando parla si muove come un serpente che si prepara per il morso.

732 Compriamo cose che non possiamo permetterci, per sostenere una vita di cui non abbiamo bisogno.

733 C'è molta più realtà di quanto chiunque possa mai immaginare.

734 La sua testa è così piena di spazzatura che non c'è più spazio per nient'altro.

735 Nessuna frana può accadere senza qualche piccolo, doloroso, sassolino di avvertimento.

736 Una barca non può affondare a meno che l'acqua non penetri all'interno, quindi non permeare cattivi sentimenti e rema.

737 Cosa è successo a ciò che hai imparato a scuola? L'hai scaricato come peso morto?

Quando parla si muove come un serpente che si prepara per il morso.

146

738 Non lavorare mai per chi non ha principi.

739 È peggio di un bugiardo chi mi racconta le mie storie come se fossero le sue.

740 Mi deludo quando ho ragione.

741 Un pessimista è chi è stato sovraesposto a troppe persone che desiderano la felicità.

742 L'ordine cronologico mi sa di terribile malattia.

743 Un vero artigiano non incolpa mai il passar dei mesi.

744 Il talento è nutrito dall'azione: non ho mai sentito parlare di qualcuno con un grande talento che non fa nulla tutto il giorno.

745 Mi sento perso spesso, con un forte senso dell'orientamento.

746 Non si tratta mai di chi ha ragione, ma di chi ragiona.

747 Perché *ammazzare il tempo*? Non è meglio farlo durare il più a lungo possibile?

748 Mi piace il vento: riesce a chiarire od offuscare la nostra visione con un capriccio.

749 Che senso ha lavarsi i denti dopo un caffè? Bevi una tazza di dentifricio allora.

750 Non cerco di difendere ciò in cui credo, ma di essere ciò che difendo.

751 Ha organizzato un incontro per pianificare gli incontri della settimana.

752 Il silenzio è lo spazio in cui la mente può trovare un dialogo.

753 Non tutti possono iniziare una rivoluzione, ma tutti possiamo tentare un'evoluzione ogni tanto.

754 Strano come finisca in certi posti così raramente per sua scelta.

755 Odio che mi si chiami artista, artigiano suona meglio: meno arte e più parte.

756 Un'immagine che dice tutto è peggio di qualcuno che la spiega.

757 Non ho mai notato la sua presenza, ma mi manca la sua assenza.

758 Ho iniziato a scrivere perché non potevo permettermi di viaggiare.

759 Non è vero che non ho senso dell'orientamento, ce l'ho, ma è quello sbagliato!

Strano come finisca in certi posti così raramente per sua scelta.

760 Perché mi chiedi quale macchina fotografica uso? Chiedi mai quale pennello al pittore?

761 La vecchiaia non è qualcosa per cui morire.

762 Da bambino ero una specie in via di estinzione, contromano.

763 Morire per una causa non è un gran vivere.

764 Non mi sono mai sentito a mio agio con chi ha archiviato i ricordi in buon ordine.

765 Non ho finito di leggere la Bibbia, il solito diavolo ci ha messo lo zampino.

766 Più immagini guardi, più foto farai, come leggere per poter scrivere.

767 Vivere nella speranza è peggio di un momento di delusione.

768 Si crede un nuovo Messia, con discepoli e tutto il resto.

769 Un cinico si chiede se questa frase sia intenzionalmente spazzatura, mentre un pessimista si chiede se ci sia qualche speranza di migliorarla.

770 La pubblicità è un'iperbole perversa per creare fantasie di plastica.

771 Non dovresti mai confrontare la tua vita con quella degli altri, dal momento che non sai mai quali compromessi hanno dovuto fare.

772 Penso abbia un complesso di adipe.

773 C'è un vecchio modo di dire nell'industria cinematografica che funziona sempre: azione!

774 Le citazioni che ispirano sono facili da leggere, ma difficili da seguire.

775 È inutile fingere di essere d'accordo: i nostri occhi non si incontreranno.

776 Sudare su piccole cose potrebbe portare a grandi cose.

777 Puoi vedere i vantaggi del pessimismo solo se sei un vero ottimista.

778 Non sono mai sorpreso dall'intelligenza dell'animale o dalla stupidità dell'uomo.

779 Non ci sono mai condizioni perfette all'inizio, un inizio è già la condizione iniziale.

780 C'era una volta che non c'era più tempo.

781 Anche se non credi in un Dio o in qualcosa, è una sensazione meravigliosa quando qualcuno crede in te.

Sudare su piccole cose potrebbe portare a grandi cose.

782 Non era in grado di essere disponibile per essere affidabile con le sue capacità.

783 Per arrivare dove vuoi, non ci sono scorciatoie, solo una dura camminata.

784 Non ho avuto un papà, ma un padre, con cintura e tutto il resto.

785 Più parlava e più mi rendevo conto che non aveva niente da dire.

786 Sempre a dire "se solo il suo cane potesse parlare!" mentre la povera bestiola vorrebbe solo che lei stesse zitta.

787 Gli italiani sono ossessionati dalle teorie del complotto: sono abbastanza sicuro che ci sia dietro qualcuno o sotto qualcosa.

788 Non vergognarti di aver fallito spesso, ma vergognati di non averci provato abbastanza.

155

789 Se non funziona, fai qualche passo indietro e guarda di nuovo da una angolazione diversa.

790 Ha molte qualità, non me ne ricordo nessuna ora, ma te le elencherà lui stesso quando lo incontrerai.

791 Ho incontrato molti sognatori con una realtà migliore.

792 Mia madre mi chiamava spesso con il nome del nostro cane. Quando protestavo rispondeva che tanto al cane non dava fastidio.

793 Non è mai un buon momento, ma è sempre il momento buono.

794 Non riesce a far colpo, ha troppi sensi di colpa.

795 Mi sembra ragionevole: la voce della ragione non dice la ragione!

796 Man mano che invecchiamo, nulla cambia se non il dosaggio.

797 La seduzione non è un atteggiamento, ma un appetito.

798 La mia memoria s'incespica costantemente sulla scala dei sentimenti.

799 Puoi citarmi a riguardo, in modo anonimo però.

800 Un padre può essere un gran maestro, ma rimane un pessimo istruttore.

801 Così tanti parlano così tanto, ma con così poco da dire.

802 Non indosso mai un'armatura, lo si capisce dalle tante cicatrici.

803 Alcune persone diventano casa.

La seduzione non è un atteggiamento, ma un appetito.

804 È il pensiero che conta, ma è il gesto che vale.

805 Non dare per scontato il presente: non è un saldo.

806 Con tutte le personalità che si ritrova, sarebbe meglio le organizzasse in buon ordine.

807 L'ascolto non riguarda solo le parole pronunciate, ma anche quelle mute.

808 Mio nonno era un uomo di poche parole, tutte difficili da capire.

809 È politicamente scorretto e nessuna correzione può correggerlo.

810 Titola qualcosa con "..." e lascia che altri lo riempiano.

811 Se non ti dai valore, nessun altro lo farà.

812 Prendilo così com'è, ego e tutto il resto, e trattalo di conseguenza.

813 Sono spesso da solo perché sono sempre in orario.

814 L'Italia è un paese dove il provvisorio viene istituzionalizzato.

815 Sicuramente ho una testa piena di dubbi, che mette in dubbio questa certezza.

816 Raccolgo parole buttate via dagli altri, per dire quello che si tenevano per sé.

817 È difficile tenere a freno il cuore mentre la mente vaga.

818 Cerchiamo gli alieni senza renderci conto che potremmo esserlo.

819 Un animale spesso è l'insegnante meno bestiale per i nostri bambini.

820 Dobbiamo dare quello che ci è costato essere degni di ricevere.

821 La mia creatività è come una marea influenzata da una luna capricciosa.

822 Fidati, sono italiano.

823 Non possiamo essere sempre nuvole, dobbiamo saperci trasformare in pioggia ogni tanto.

824 Non do lezioni a nessuno, cerco solo di non rimpiangere nulla.

825 Un libro non chiude, apre.

826 Un sorriso luminoso riflette i colori di una mente meravigliosa.

Un animale spesso è l'insegnante meno bestiale per i nostri bambini.

827 Non sottovalutare la creatività degli altri mentre alleni la tua.

828 Sono un sognatore perché la realtà è ampiamente sopravvalutata.

829 Siamo tutti dei sopravvissuti, nel mio caso sono sopravvissuto a me stesso.

830 Ho ignorato consigli terribili e fatto errori eccellenti.

831 Mi pongo un sacco di domande, ma quando trovo le risposte non ricordo più cosa mi ero chiesto.

832 L'immaginazione non ha limiti, però ha un budget.

833 Non mi accontento mai e questo mi rende insoddisfatto.

834 Le risposte stupide rendono intelligenti le domande ovvie.

835 Il fanatismo esiste quando non ci si chiede più nulla.

836 Un sentiero poco battuto in ogni caso è stato già segnato da qualcuno.

837 Usai una tecnica a mia insaputa.

838 Quando non riesco a fare qualcosa ho solo ritardato quando farla.

839 Non vorrei fare di ogni erba un fascio, ma se mi trovo sempre nell'erba alta non ho scelta.

840 La politica è l'opinione delle idee.

841 Quello che non sei riuscito a fare ti distrae da quello che puoi ancora realizzare.

842 Perché *cadiamo dalle nuvole*? Dove eravamo prima?

843 Tutti per uno e uno per tutti, ma una volta sola.

844 Non raccontarmi i tuoi sogni, fammi sognare e basta.

845 C'è chi parla di sofferenze e te le spiega senza mai averle provate, e chi ha sofferto e non ha spiegazioni.

846 In un mondo parallelo non ci si incontra mai.

847 Non è vero che puoi trovare poesia in tutto, alcune cose non fanno rima con nulla.

848 A volte una frase è solo una frase.

849 Se misuri la tua giornata in caffè è meglio che cambi vita.

Perché cadiamo dalle nuvole? Dove eravamo prima?

166

850 Mio padre mi disse di smettere di giocare e diventar grande. Son cresciuto, ma sono i giocattoli a essersi ingranditi.

851 Sono i momenti di gran lucidità che mi offuscano.

852 Prima di alzare gli occhi al cielo sarebbe meglio guardare in basso.

853 Mi considero un sistema ad alta entropia, che evolverà in modo imprevedibile.

854 Il mio tormento non è ingiusto, è soltanto inutile.

855 Se cerchi te stesso è meglio che accetti un passaggio da qualcuno.

856 Certe emozioni le pieghi nella mente e diventano bandiere.

857 Il viaggiatore vede quello che il turista non vede, distratto a guardare quello che è venuto a visitare.

858 Dove ho sbagliato? Nel correggere certi errori.

859 Dimmi pure quello che vuoi, ma non raccontarmi nulla.

Cav. Franz Pagot OMRI

FRANZ PAGOT è nato a Conegliano e ha studiato al Liceo Classico, quando ancora si traduceva dal Greco al Latino. Dopo aver lavorato per diversi anni in pubblicità e nel cinema, si trasferisce a Londra, assistendo su capolavori come Full Metal Jacket, per poi diventare direttore della fotografia noto e rispettato, girando numerosi film e più di cinquecento spot pubblicitari. Ha dipinto con la luce miti del cinema tra cui: Peter O'Toole, Ray Winstone, Jude Law e Giancarlo Giannini.

È stimato pittore su tela e alcuni dei suoi lavori sono in mostra presso la Saatchi Art Collection.

È membro del prestigioso BAFTA, l'equivalente inglese degli Oscar, ed è giornalista iscritto all'albo in Inghilterra, con esperienza di zona di guerra.

Ha vinto numerosissimi premi e pubblicato diversi libri. Occasionalmente insegna in varie scuole e università ed è uno speaker sulla comunicazione molto richiesto in tutto il mondo. Sposato con due figli, vive tra Londra e l'Italia.

Nel giugno 2018 è stato insignito Cavaliere al Merito dell'Ordine della Repubblica Italiana.